WISE PRAISE
CANTATA SERIES
와이즈성가 부활절 칸타타

YouTube
유튜브동영상업로드

Behold the Lamb

주를 보라

Words & Music by 노희석

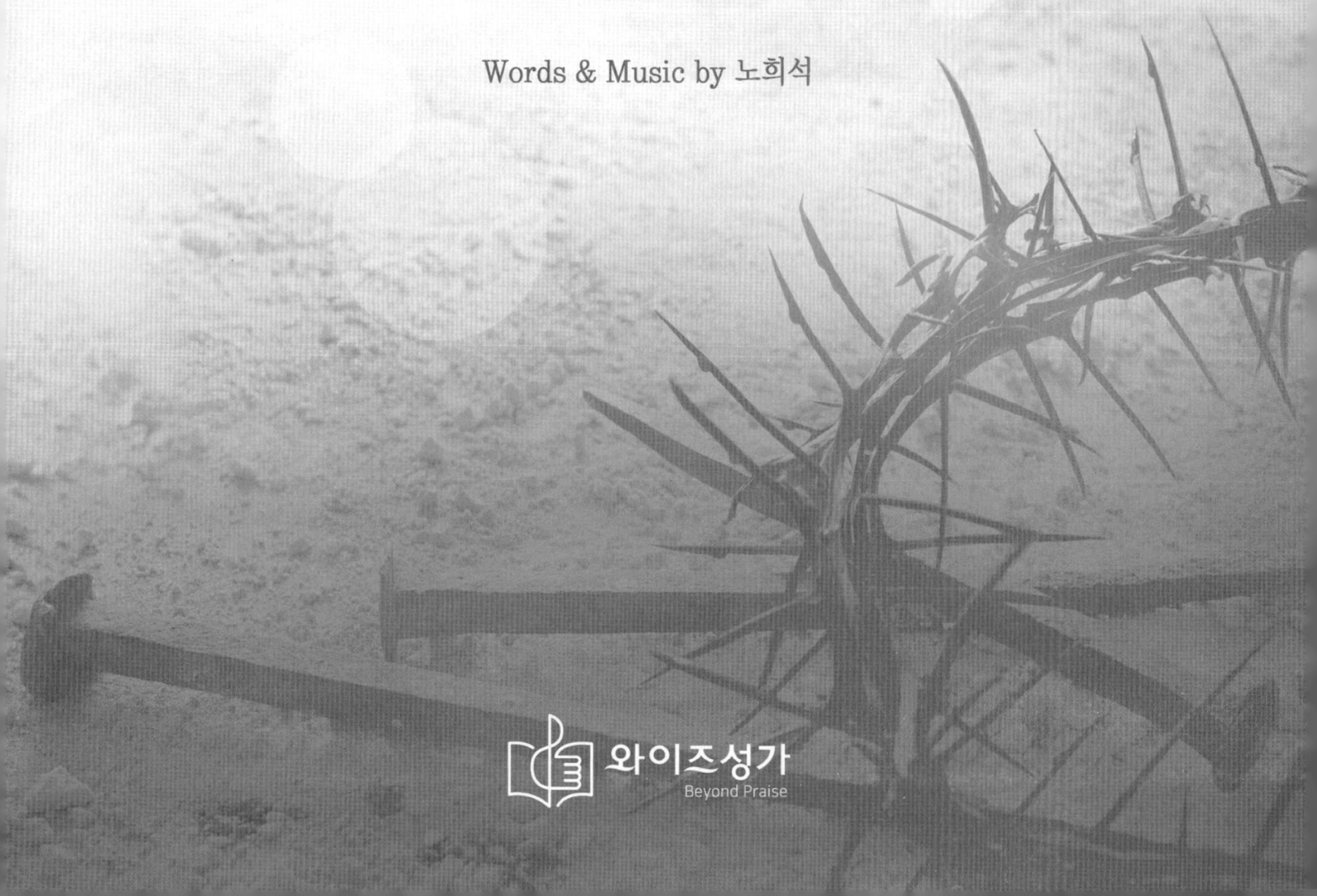

와이즈성가
Beyond Praise

'와이즈성가' 만의 차별화된 찬양대 지원 프로그램

❶ 온라인 반주 시스템 지원(www.wise21.com)

와이즈뮤직만의 독자적인 기술로 개발된 PC프로그램을 사용하여 해외에서 활동중인 정상급의 전문 피아노반주자가 연주한 실제와 똑같은 나만의 성가반주를 만들어 연습과 예배 찬양에 사용 할 수 있도록 지원합니다.

본 프로그램으로 소규모의 성가대에서는 반주자 도움 없이 자체적으로 찬양을 할 수 있고, 대규모의 성가대에서는 파트연습을 따로 진행하여 연습시간을 대폭 줄일 수 있게 되었습니다.

* 자세한 사용법은 홈페이지를 참조해주시기 바랍니다.

❷ 교회 오케스트라만들기 지원사업

개척교회에서부터 대형교회에 이르기까지 교회 오케스트라를 교인들이 직접 만들고, 각종 연주회와 예배찬양 및 성가대반주를 할 수 있도록 지원하여 드립니다. 교회 오케스트라 지원사업에 참여하시는 교회에는 본 성가곡집을 반주할 수 있는 오케스트라 수준별 편곡 악보를 무상 지원하여 은혜로운 예배를 도와드립니다.

❸ 수준별 교회오케스트라용 악보 무상 지원

교회오케스트라용 반주악보는 그 교회만의 수준과 편성에 맞게 제작되어야 합니다. 또한 피아노와 오르간을 고려한 편곡이어야 합니다. 교회의 남녀노소, 전공자와 초보자가 다함께 연주하실 수 있는 수준별 편곡악보를 제공하여 동일한 은혜를 경험하실 수 있도록 지원합니다.

(단, 오케스트라지원사업 참여 교회에 한하여 무상으로 제공합니다.)

❹ 최고의 성악가가 녹음한 파트연습음원 제공

해외에서 활동 중인 최정상의 성악가가 직접 파트별로 녹음한 음원을 제공하여 듣기만 해도 저절로 파트연습이 될 수 있도록 성가연습의 편의성과 효율성을 극대화하였습니다.

*** 자세한 성악가 및 연주자 프로필은 와이즈뮤직 홈페이지(www.wise21.com)를 통해 확인하실 수 있습니다.**

❺ 삼익 자동반주 "와이즈피아노" 성가콘텐츠 지원

국내 최고의 악기회사인 ㈜삼익악기와의 제휴를 통하여 자동반주 와이즈피아노를 개발하여 피아노 구매시 반주자가 없는 교회에서도 음원이 아닌 실제 피아노 반주로 찬양을 할 수 있도록 모든 와이즈성가의 반주콘텐츠를 지원합니다.

❻ 성우녹음 내레이션 파일 제공

은혜로운 칸타타를 진행하실 수 있도록 전문 성우가 녹음한 내레이션 파일을 제공하여 연주시 사용하실 수 있도록 내레이션 음원파일을 제공합니다. 해당 음원은 홈페이지 "파트연습실"에서 다운로드 받아 사용하실 수 있습니다.

작곡자 노희석

- 총신대학교 교회음악과 작곡전공 졸업 (사사 : 주성희 명예교수)
- 좋은 음악 전국 작곡 콩쿠르 1위 및 음악저널 콩쿠르, 영남작곡콩쿠르 등 다수의 콩쿨 입상
- 와이즈성가, 중앙아트, 빛나라, 비앤비 창작성가 합창곡 공모 당선
- 부산하모니합창단 창작합창곡 공모 당선
- 한국문화예술아카데미 'New Music Day' 공모 당선 및 박-파안 영희 작곡마스터클래스 참여
- Yeoro Young Composer Festival 공모 당선 및 현대음악 창작단체 '여로' 작품위촉 다수
- 서울문화재단 청년예술지원사업 선정, 충북도립교향악단 작곡마스터클래스 수료
- 와이즈성가 부활절 칸타타 〈주를 보라〉 작곡
- mise-ensemble (미장 앙상블), 대구MBC교향악단, 후즈아트 앙상블, 카르페 앙상블 등의 앙상블에서 다수의 기악곡 연주
- 박신화콰이어, 아이노스합창단, YM콰이어, 프레이지너스 싱어즈, 모던싱어즈 서울, 다 카메라 싱어즈, 힘체임버콰이어 등에서 다수의 합창곡 연주
- 현) 다수의 교회음악출판사 전속작곡가, 현대음악 창작단체 'Yeoro' 소속 작곡가

작곡가의 말

신앙생활을 하다 보면 교회에서 예수님의 고난과 부활하심에 대하여 굉장히 많이 다루는 것을 보았을 것입니다. 이처럼 예수 그리스도의 부활은 그리스도인의 정체성을 좌우하는 가장 중요한 사건이 아닐 수 없습니다. 이런 점에서 예수님의 고난과 부활은 전혀 다른 문화권에 살았던 우리에게도 동일하게 적용되며, 놀라운 사실이 아닐 수가 없음을 고백합니다.

부활절 칸타타 〈주를 보라〉는 6곡의 칸타타로 구성되어 있으며, 클래식에서 현대에 이르는 다양한 스타일을 통해, 드라마틱한 부활스토리가 잘 전달될 수 있도록 다채로운 소리를 의도하며 작곡하였습니다. 이 곡은 합창의 역할도 중요하지만, 솔로들의 역할도 굉장히 중요합니다. 소프라노 솔로는 마리아, 테너 솔로는 예수님, 바리톤 솔로는 빌라도의 역을 맡게 되며, 솔로들은 본인들의 기량을 뽐낼 수 있는 솔로의 역할도 하지만, 합창과 중첩되어서 음악적인 흥미를 유발하기도 합니다. 잘 알려진 기존의 선율들을 사용하지는 않았지만, 중소형 교회들도 연주할 수 있게끔 고려하여 어렵지 않게 작곡하고자 노력하였습니다.

또한 이 시대를 사는 한 작곡가로서 음악으로 부활의 기쁨을 표현해보고 싶었습니다. 왜냐하면 구원의 기쁨을 알지 못하는 세상 사람들에게 부활의 증인이 되고 싶었기 때문입니다. 우리는 부활하신 주님을 바라볼 때 절망과 고통 속이 아닌 희망과 평화로운 삶을 살아갈 것을 확신합니다. 부활절 칸타타 〈주를 보라〉를 통해 진심으로 곧 부활이요 생명이신 예수 그리스도를 만나는 시간이 되기를 간절히 원하고 바라며, 주 안에서 늘 승리를 누리길 소망합니다.

노 희 석

C o n t e n t s

목차

보라, 세상 죄를 지고 가는

성경말씀

[요 1:29]

29 이튿날 요한이 예수께서 자기에게 나아오심을 보고 이르되 보라 세상 죄를 지고 가는
하나님의 어린 양이로다

[사 53:2-4]

2 그는 주 앞에서 자라나기를 연한 순 같고 마른 땅에서 나온 뿌리 같아서 고운 모양도
없고 풍채도 없은즉 우리가 보기에 흠모할 만한 아름다운 것이 없도다
3 그는 멸시를 받아 사람들에게 버림 받았으며 간고를 많이 겪었으며 질고를 아는 자라
마치 사람들이 그에게서 얼굴을 가리는 것 같이 멸시를 당하였고 우리도 그를 귀히 여
기지 아니하였도다
4 그는 실로 우리의 질고를 지고 우리의 슬픔을 당하였거늘 우리는 생각하기를 그는 징
벌을 받아 하나님께 맞으며 고난을 당한다 하였노라

곡분석

이 곡은 홀로 쓸쓸히 걸어가는 고독한 분위기를 상기하며 예수님께서 십자가를 지시고 걸어가는 모습을 그리고 있습니다. 이는 세례 요한이 예수님께서 고난을 겪으러 오신 것을 이미 알고 있으며, 이러한 공허함을 C단조의 서정적인 음악적 흐름으로 표현하고 있습니다. 또한 C장조 부분에서는 하늘로부터 내려오는 비둘기를 보는 듯 부드러운 듯이 진행하지만 언제 그랬냐는 듯 역동적인 표현의 '고난'과 폭넓은 음형으로 표현되는 '고난'을 거쳐 드라마틱하게 곡이 마무리 됩니다.

곡해설

우리를 위하여 이 땅에 오셔서 쓸쓸하고 외로운 모습으로 고난의 길을 걸어가시는 주님을 묵상합니다. 제3자인 세례 요한이 우리에게 이런 메시지를 남깁니다. "보라, 세상 죄를 지고 가는 하나님의 어린 양이로다." 우리는 늘 십자가의 여정에 홀로 가신 주님을 바라보아야 할 것입니다. 이러한 주님을 바라볼 때에 비로소 주님이 당하신 고난에 동참하였다고 이야기 할 수 있을 것입니다.

Choir Sop. Alto Ten. Bass

보라, 세상 죄를 지고 가는

for Bass Solo, SATB Choir & piano accompaniment

[요한복음 1:29, 이사야 53:2-4]

Words & Music by 노희석

a tempo
13 Bass Only p
보라 세상죄를 지고 가는 하나님의
p a tempo
mp
18
어 - 린 양 이로다
3
3
22 Sop. & Alto mp
Alto div.
보 라 세상죄 를 지 고 가
mp
3

25
mf
mp
는 하나님의 어 - 린
Ten. Only
Bass +
(어 린)
mp
28
rit.
양 이 로 다 (어 린 양 이로다)
rit.
31
Brightly ♩= 80 - 84
p

35
그 - 는 주 앞 에 - 서 자 라 나 기 를 연 한
8va
p
39
순 같 고 마 른 - 땅 에 서 나 온
8
42
pp
뿌 리 같 아 서 우
mp
고 운 모 양 도 없
8
mp

45
- 우 - 우 -
고 풍채도 없 은즉 우리가 보기에 흠모
49
mp
할 만한 아 름 다 운 것이없도다
mp
Rhythmically ♩= 92 - 100
52
marcato
그는 멸시를받아 - 사 람 들에게 -
mf

55
버 림받 았 으 며 간 고 를 많 이 겪 었 - 으 며 - 질 고
mf
58
poco a poco cresc.
를 아 는 자 라 - 질 고 를 질 고 를 질 고 를 아 는 자
mp
질 고 를 질 고 를 아 는 자
mp
poco a poco cresc.
61
molto rit.
Broadly ♩ = 80
ff
라 (아 는 자 라) 그 는 실 -
molto rit.
ff

64
우 리 의 질 고 를
mf
로 우 리 의 질 고 를 지 고 우 리 의
mf
67
f
슬 픔 우 리 의 슬 픔 을 당 - 하 였 거
f
70
늘
ff

73
우 리 는 생 각 - 생 각
76
Rhythmically ♩ = 92 - 100
marcato
그 는 징 벌 을 받 아 - 하 나 님 께 맞 으 며 - 고 난
하 기 를
79
poco a poco cresc.
을 고 난 을 고 난 을 당 한 다
marcato
고 난 을 고 난 을 고 난 을
poco a poco cresc.

rit.
a tempo
82
ff
하 였 노 라
rit.
a tempo
ff
6

86
6
fff

겟세마네 기도

성경말씀

[마 26:38-39, 42, 45-46]

38 이에 말씀하시되 내 마음이 매우 고민하여 죽게 되었으니 너희는 여기 머물러 나와 함께 깨어 있으라 하시고

39 조금 나아가사 얼굴을 땅에 대시고 엎드려 기도하여 이르시되 내 아버지여 만일 할 만하시거든 이 잔을 내게서 지나가게 하옵소서 그러나 나의 원대로 마시옵고 아버지의 원대로 하옵소서 하시고

42 다시 두 번째 나아가 기도하여 이르시되 내 아버지여 만일 내가 마시지 않고는 이 잔이 내게서 지나갈 수 없거든 아버지의 원대로 되기를 원하나이다 하시고

45 이에 제자들에게 오사 이르시되 이제는 자고 쉬라 보라 때가 가까이 왔으니 인자가 죄인의 손에 팔리느니라

46 일어나라 함께 가자 보라 나를 파는 자가 가까이 왔느니라

곡분석

이 곡은 예수님께서 핏방울을 흘리며 기도하셨던 겟세마네 동산에서의 기도를 표현한 곡으로, 테너 솔로와 합창파트의 병치와 중첩이 주된 아이디어로 전개되고 있습니다. 전체적으로 A-A′-B-A″의 형식으로 구성되어 있으며, 이는 예수님께서 동일한 내용으로 기도하셨던 것을 반영하고 있습니다. 처음에는 잔잔하게 시작되어 진행하고, B를 거쳐서 A′'로 진행될 때는 비교적 화려한 음악으로 전개되어 클라이막스에 다다르고 있습니다. 그 후에는 고요하게 '하나님 아버지'를 부르며 곡을 마치게 됩니다.

곡해설

인간의 모습으로 오신 예수님께서는 겟세마네에서 기도하실 때에 핏방울이 흐를 만큼 힘들어 하셨습니다. 며칠 뒤에 십자가에서 고난 당할 것을 생각한다면 그 누구도 편안하게 기도할 수 없을 것입니다. 무엇보다도 고통받을 것을 알고 있음에도 불구하고 우리를 위해 모든 고난을 묵묵히 감당하신 예수님을 생각하면 감격하지 않을 수 없을 것입니다. 우리가 주님을 바라보면서 고난에 동참한다면 하나님께서 더욱 큰 은혜로 덮어주실 것이라 믿습니다.

Choir Sop. Alto Ten. Bass

겟세마네 기도

for Tenor Solo, SATB Choir, piano accompaniment & narration

Words & Music by 노희석

[마태복음 26:38-39, 42, 45-46]

Narration ① _ 이에 예수께서 제자들과 함께 겟세마네라 하는 곳에 이르러 제자들에게 이르시기를 "내가 저기 가서 기도할 동안에 너희는 여기 앉아 있으라" 하셨습니다. 그 자리에서 고민하고 슬퍼하시면서 말씀하시기를 "내 마음이 매우 고민하여 죽게 되었으니 너희는 여기 머물러 나와 함께 깨어 있으라" 하시고, 조금 나아가신 후 얼굴을 땅에 대시고 엎드려 기도하셨습니다. (전주시작)

Andantino ♩ = 76

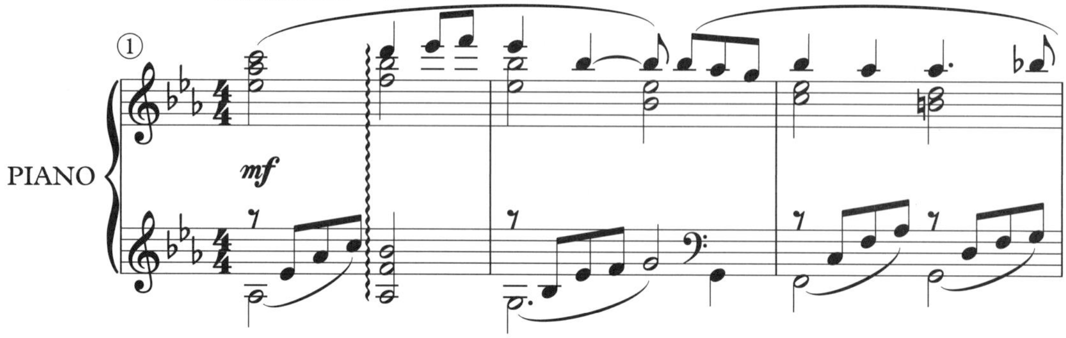

8
rit. Tenor Solo p a tempo
내 아 - 버지여 내 아 - 버지여 만일
rit.
p a tempo
12
할 만하 시 거 - 든 이 잔을내게서 이 잔을내게서
16
지나가 게 하 - 옵소서 - 그러

19
나 나 의 원 - 대 로
21
마 - 시 옵 고 아 버
23
지 의 원 대 로 하 옵 소 - 서 -
Sop. & Alto
mf
내
Ten. & Bass

아 - 버 지 여 내 아 - 버 지 여 만 일 할 만 하 시 거 - 든 이
잔 을 내 게 서 이 잔 을 내 게 서 지 나 가 게
우 - 우
우 - 우
하 - 옵 소 서
- - 그 러 나 나 의
- -

37
원 - 대 로 마 - 시 옵
39
f
mp
고 아 버 지 의 원대 로 하 옵
42
소 서 -
f

46
50
Ten. Solo
내 아버 - 지 여
우 - 아 버 지
54
내 - 아 버 지 여 내 아 버 지 의 원 대 로 되 -
여 - 아 버 지 여

58
기 - 를 - 원 - 하 나 이 다
mp
되 기 를 -
원 대 로 되 기 를 - 원 - 하 -
원 대 로 - 되 기 를 -
cresc.
61
rit.
-
rit.
f
a tempo
나 이 다 내 아 - 버 지 여 내 아 - 버 지 여 만 일
rit.
a tempo
f

64
mf
할 만 하 시 거 - 든 이 잔을내게서 이
mf
이잔을내게
mf
67
잔을내게서 지나가 게 하 - 옵소서
서 이잔을내게 서 (하 옵 소
70
f
- 그러 나 나의 원 - 대 로
서)
f

73
ff
마 - 시 옵 고 - 아 버
ff
6
mf poco a poco cresc.
76
지 의 원 대 로 하 옵 소 서 -
아 버 지 의 원 대 로 하 옵 소 서
지 의 원 대 로 하 옵 소 서
아 버 지 의 원 대 로 - 하 옵 소 서
mf poco a poco cresc.
f

80
Ten. Solo
mp
내 아 버 지 의
mp
84
원 - 대 로 하 옵 소 서
p
poco a poco dim.
아 -
p
poco a poco dim.

rit.
87
rit.
a tempo
pp
버 지 여
8va
a tempo
rit.
pp

그를 십자가에 못 박아라!

성경말씀

[눅 23:13-23]

13 빌라도가 대제사장들과 관리들과 백성을 불러 모으고

14 이르되 너희가 이 사람이 백성을 미혹하는 자라 하여 내게 끌고 왔도다 보라 내가 너희 앞에서 심문하였으되 너희가 고발하는 일에 대하여 이 사람에게서 죄를 찾지 못하였고

15 헤롯이 또한 그렇게 하여 그를 우리에게 도로 보내었도다 보라 그가 행한 일에는 죽일 일이 없느니라

16 그러므로 때려서 놓겠노라

18 무리가 일제히 소리 질러 이르되 이 사람을 없이하고 바라바를 우리에게 놓아 주소서 하니

19 이 바라바는 성중에서 일어난 민란과 살인으로 말미암아 옥에 갇힌 자러라

20 빌라도는 예수를 놓고자 하여 다시 그들에게 말하되

21 그들은 소리 질러 이르되 그를 십자가에 못 박게 하소서 십자가에 못 박게 하소서 하는지라

22 빌라도가 세 번째 말하되 이 사람이 무슨 악한 일을 하였느냐 나는 그에게서 죽일 죄를 찾지 못하였나니 때려서 놓으리라 하니

23 그들이 큰 소리로 재촉하여 십자가에 못 박기를 구하니 그들의 소리가 이긴지라

곡분석

이 곡은 크게 드라마틱한 바리톤 솔로의 레치타티보와 리드미컬한 합창파트의 두 가지 음악적 아이디어로 구성이 되어있으며, 바리톤 솔로는 빌라도의 역할을, 합창은 군중들을 묘사한 것으로써 서로 대화하는 방식으로 전개됩니다. 합창에서는 십자가의 고난을 상징하는 반음계적인 선율을 사용하고 있으며, 극도의 긴장된 상태를 표현하기 위해서 감7화음을 통하여 종지를 맺고 있습니다. 또한 단락간에 더욱 급작스럽고 드리마틱하게 표현하기 위하여 이명동음전조 및 반음계적 베이스 진행으로 전개하고 있으며, 점차적으로 긴장되는 분위기를 조성하기 위하여 단3도 간격의 동형진행 전조를 연속적으로 사용하였습니다. 후반부로 갈수록 바리톤 솔로의 '죄가 없도다'를 선포하는 메시지와 합창파트의 '그를 십자가에 못 박아 죽이라'의 메시지가 서로 대립하며 전개가 되지만, 마지막에 마무리는 '예수를 죽여라!'로 하나의 메시지로 강하게 마무리 됩니다.

곡해설

약간의 극음악적인 요소를 첨가한 이 곡은 바리톤 솔로의 선포하는 장면과 합창의 외치는 장면이 돋보이도록 설정하여 실제로 드라마를 보는 듯한 느낌으로 표현하고자 하였습니다. 특히 피아노의 다채로운 음형들이 음악의 무게감을 더해주고 있으며, 화성적 색채감이 더해져서 연속적인 긴장과 이완이 이루어지도록 작곡하였습니다.

Choir Sop. Alto Ten. Bass

그를 십자가에 못 박아라!

for Baritone Solo, SATB Choir & piano accompaniment

Words & Music by 노희석

[누가복음 23:14-25]

10
p
으되 이 사람에게서 - 죄를 찾지못하였노 라
p
15
pp
mf
6
♩ = 100
17
marcato
ff
그를십자가에 못 박아 죽이라 -
ff

19
그를십자가에 못 박아 죽이라 -
21
십자가에 못박아죽이 라
23
Recit.
ff
그 가행한일에
ff
5

25
mf
는 죽일 일이 없 도 다 그가 - 무슨
mf
29
♩= 100
잘 못을했는 가?
marcato ff
그를십자가에 못
ff
32
박아 죽여라 - 그를십 자 가 에 못

34
박아 죽여라 - 그를십자가에 못
그 를
36
박아 죽여라 - 그를십 자 가 에 못
십 자가 에 못 박 아
38
박아 죽여라 그를 죽 여라!
죽 여라

40
Recit.
ff
f
이 사 람 이 무슨
6
43
dim.
3
mf
악 한 일 을 - 하 였 느 냐? 나 는 그 에 게 서 죽 일
47
mp
죄 를 - 찾 지 못 하 였 노 라! -

51
♩ = 100
ff
죄 가 없 도
marcato
ff
그 릍 십 자 가 에 못 박 아 죽 이 라 -
ff
53
다 -
죄 가 없 도
그 릍 십 자 가 에 못 박 아 죽 이 라 -

55
다 - 그 는
그를십자가에 못 박아 죽이라 -
57
죄 가없 도 다 - -
그를십자가에 못 박아 죽이라 -

* 시작하는 지점과 맞추는 지점만 맞추어 음고없이 자유로게 소리치듯이 노래
파트 내 조차도 같은 리듬으로 맞출 필요 없음

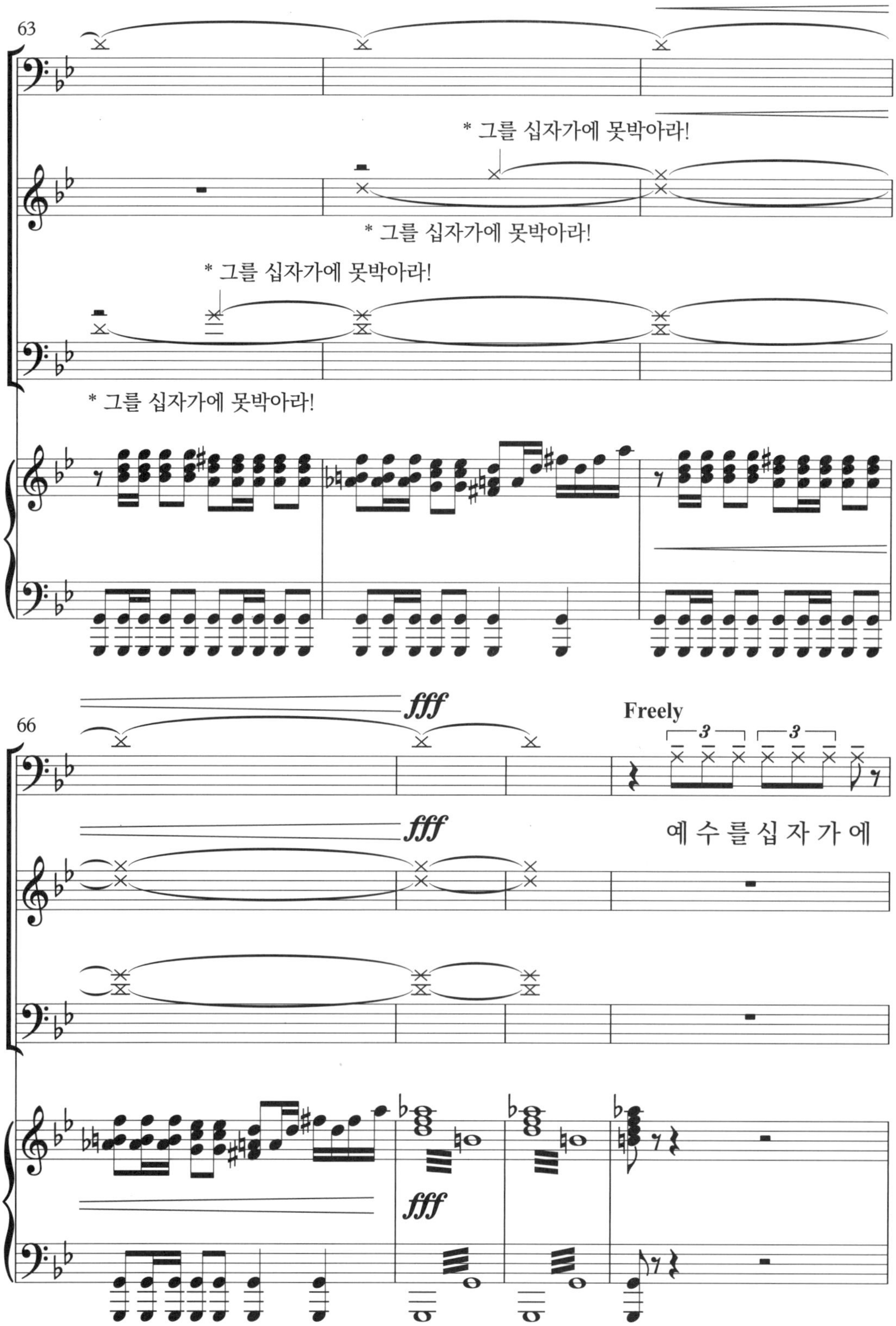

63
* 그를 십자가에 못박아라!
* 그를 십자가에 못박아라!
* 그를 십자가에 못박아라!
* 그를 십자가에 못박아라!
66
fff
Freely
3
3
fff
예 수 를 십 자 가 에
fff

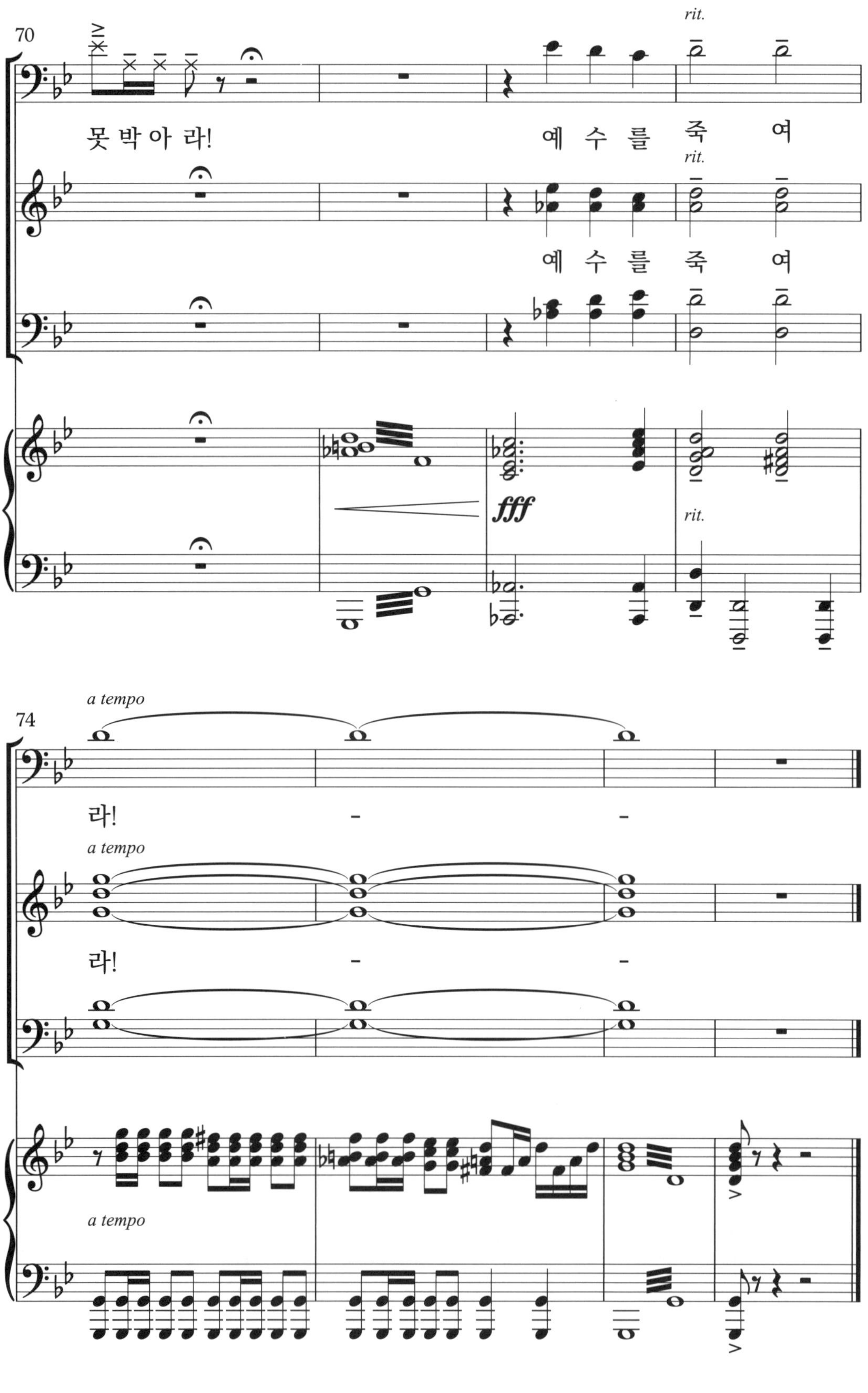
70
rit.
못박아라!
예 수 를 죽 여
rit.
예 수 를 죽 여
fff
rit.
74
a tempo
라! - -
a tempo
라! - -
a tempo
a tempo

죽임 당하신 어린양

성경말씀

[사 53:5-6]
5 그가 찔림은 우리의 허물 때문이요 그가 상함은 우리의 죄악 때문이라 그가 징계를 받으
므로 우리는 평화를 누리고 그가 채찍에 맞으므로 우리는 나음을 받았도다
6 우리는 다 양 같아서 그릇 행하여 각기 제 길로 갔거늘 여호와께서는 우리 모두의 죄악을
그에게 담당시키셨도다

[요 1:29]
29 이튿날 요한이 예수께서 자기에게 나아오심을 보고 이르되 보라 세상 죄를 지고 가는
하나님의 어린 양이로다

[계 5:12]
12 큰 음성으로 이르되 죽임을 당하신 어린 양은 능력과 부와 지혜와 힘과 존귀와 영광과
찬송을 받으시기에 합당하도다 하더라

곡분석

이 곡은 앞선 곡인 '보라, 세상 죄를 지고 가는'에서 느껴지는 쓸쓸한 분위기를 상기시키고자 전주부분을 차용하여 사용하였으며, 이미 십자가에 돌아가신 예수님을 생각하며 슬프고 공허한 느낌을 재현하고자 하였습니다. 진행될수록 곡의 분위기가 점점 밝아지며, C단조-Eb장조-F#장조를 거쳐서 마침내 클라이막스인 Bb장조로 이르게 됩니다. 천국의 화려함을 배경으로 어린양께 찬양을 드리자는 메시지로 종지를 향하게 되며, 명확한 방향으로 움직이는 화성과 드라마틱한 위종지 후에 변형된 변격종지로 화려하게 곡이 마무리 됩니다.

곡해설

우리는 십자가에 달리신 예수님을 통하여 진정한 평화를 누리고 있음을 묵상합니다. 그러나 때때로 평화를 주시는 예수님을 늘 잊고 살아갈 때가 많음도 고백합니다. 그렇지만 주님께서 한없이 부족한 우리의 죄를 홀로 담당하셔서 평화를 주시고, 나음을 입게 하셨습니다. 이것이 우리가 주님을 바라봐야만 하는 이유라고 생각을 하며, 우리는 어떠한 상황에서든지 죽임 당하신 어린양께 나아가 늘 찬양하는 삶을 살아야 함을 고백합니다.

Choir Sop. Alto Ten. Bass

죽임 당하신 어린양

for SATB Choir, piano accompaniment & narration

Words & Music by 노희석

Narration ②_ 결국 빌라도는 예수 대신 바라바를 놓아주었습니다. 그 후 예수를 데려다가 채찍질을 하고, 십자가에 못 박히게 넘겨주었습니다. 이에 군인들은 예수의 옷을 벗기고 홍포를 입혔으며, 가시관을 엮어 머리에 씌우고 갈대를 오른손에 들리고 그 앞에서 무릎을 꿇고 '유대인의 왕이여 평안할지어다' 라고 희롱하였습니다. 또한 예수에게 침 뱉고 갈대를 빼앗아 머리를 쳤으며, 희롱 후에는 홍포를 벗기고 도로 그의 옷을 입혀 십자가에 못 박으려고 끌고 나간 후 골고다 언덕에서 예수를 십자가에 못 박았습니다. (전주시작)

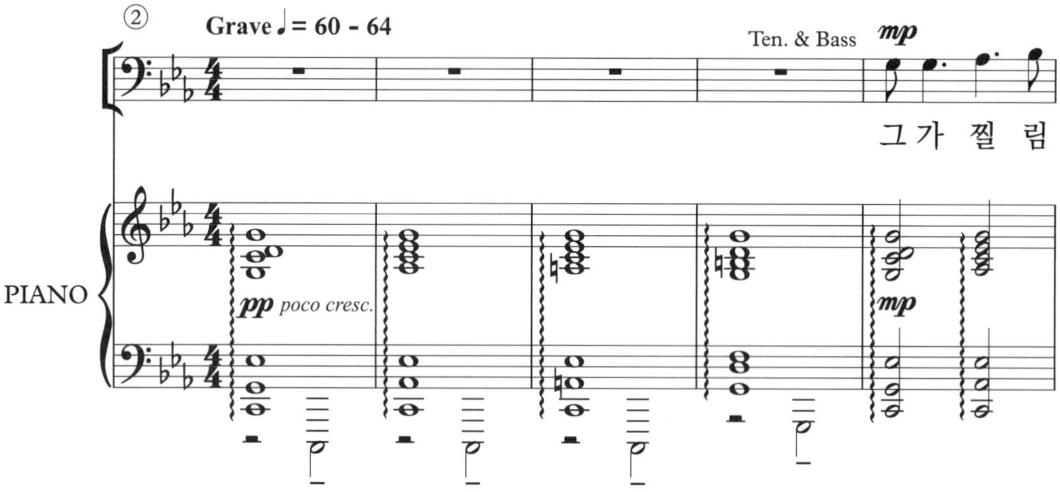

11
Sop. & Alto
mp
그가 찔림
의 죄악때문이라
15
은 우리의 허물때문이요 그가 상 함
19
은 우리 의죄악때문이라 그가 징계를받음으

23
우리가 평 화 를누리고
로 우리가 평 화 누 리 고 그가 채찍에맞으므
평 화 를누리고
우리가 평 화 누 리고 그가 채 찍에
27
rit.
mf
로 우리는 나 음 을받았도다 - 우
맞음으로
rit.
31
a tempo
리 는 다 - 양 같아서 그 릇 행 하
a tempo mf

34
여 각 기 각 기 각 기 제 길 로 갔 거
38
늘 여 호 와 께 서 - 는
41
우 리 모 두 의 우 리 모 두 의 죄 악 을

45
우리모두의 죄 악을 - 우 리
48
모 두의 죄악 을
우리 모 두의
mf
51
담당시키셨도 다 -

54
보라- 세상 죄 -를 지고-가-는
mf
57
poco a poco cresc.
어 린양 보라- 세상 죄 -를
poco a poco cresc.
60
지고-가-는 어 린양 어린양 이 로다 보

63
ff
molto rit.
라!
죽 임 을
ff
molto rit.
65
f Broadly ♩ = 80 - 84
당 하 신 어 - 린 양 은 능 력 과 부 - 와 지 혜
f
68
와 힘 과 존 귀 와 영 광 과

70
poco a poco cresc.
찬 송 을 받 으 시 기 에 받 으
poco a poco cresc.
72
ff
시 기 에 받 으 시 기 에 합 당 하 도 다
ff
76
molto rit.
a tempo
아 멘 -
molto rit.
a tempo

여자여 어찌하여 우느냐?

성경말씀

[요 20:11-15]

11 마리아는 무덤 밖에 서서 울고 있더니 울면서 구부려 무덤 안을 들여다보니

12 흰 옷 입은 두 천사가 예수의 시체 뉘었던 곳에 하나는 머리 편에, 하나는 발 편에 앉았더라

13 천사들이 이르되 여자여 어찌하여 우느냐 이르되 사람들이 내 주님을 옮겨다가 어디 두었는지 내가 알지 못함이니이다

14 이 말을 하고 뒤로 돌이켜 예수께서 서 계신 것을 보았으나 예수이신 줄은 알지 못하더라

15 예수께서 이르시되 여자여 어찌하여 울며 누구를 찾느냐 하시니 마리아는 그가 동산지기인 줄 알고 이르되 주여 당신이 옮겼거든 어디 두었는지 내게 이르소서 그리하면 내가 가져가리이다

곡분석

이 곡은 예수님이 돌아가신 후의 무덤의 모습과 부활의 장면을 표현하였으며, 전체적으로 아리아적인 성격이 강한 곡입니다. 전주부분과 합창파트가 도입되는 부분에서는 온음음계를 사용하여 신비로운 분위기를 형성하고자 하였으며, 그 후에는 소프라노 솔로와 테너 솔로가 서로 대화를 주고받듯 흘러갑니다. E장조-F장조-F단조-B장조를 거쳐 클라이막스에 해당하는 D장조를 향해 각 부분이 점차 진행감을 가지고 전개하게 되며, 특히 이 부분은 소프라노 솔로의 역량을 가장 잘 보여줄 수 있는 부분입니다. 소프라노의 독창이 끝나고 후주부분에서는 앞선 주제를 반복하여 점점 사라지듯이 곡을 마무리합니다.

곡해설

주님이 계신 무덤 앞에서 울고 있는 마리아를 떠올려 보았습니다. 앞으로 주님이 계실 것 같지 않았고, 아무 희망도 없는 듯 보였습니다. 그러나 예수님은 3일 만에 부활하셔서 우리와 늘 함께 계시겠다고 약속하셨습니다. 주님께서는 우리의 슬픔을 기쁨으로 바꾸시는 분이십니다. 우리의 죄를 대신 사하시고 사망 권세를 모두 이기신 주님을 다 같이 찬양하기를 원합니다.

Choir Sop. Alto Ten.

여자여 어찌하여 우느냐?

for Soprano Solo, SAT Choir, piano accompaniment & narration

Words & Music by 노희석

Narration③_ 마리아는 무덤 밖에 서서 울면서 무덤안을 들여다 보았습니다. (전주시작)

Narration④_ 그때 흰 옷을 입은 천사가 예수님의 시체 뉘었던 곳에 앉아 있었습니다.
한 천사는 머리 편에, 다른 한 천사는 발 편에 앉아 있었습니다.
그 후 천사들이 마리아에게 말을 건넸습니다.

Mysterious 𝅗𝅥 = 56
8
molto rit.
p
여 자여 -
molto rit.
pp
12
여 자여 - 어 찌하여 - 우 느냐
3
3
17
- 여 자여 - 여 자여
여 자여 -
p

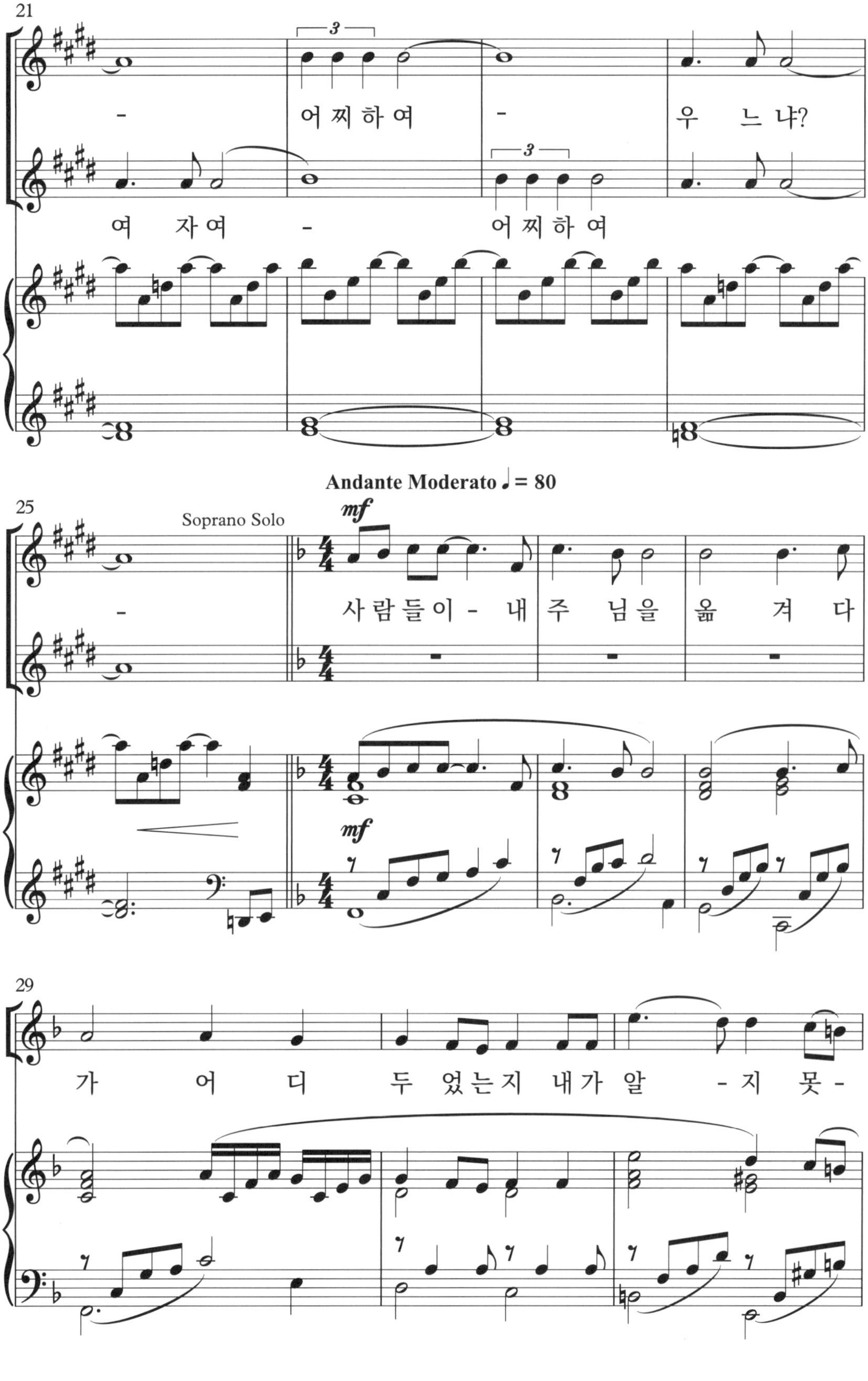
21
3
- 어찌하여 - 우 느냐?
3
여 자여 - 어찌하여
Andante Moderato ♩ = 80
25
Soprano Solo
mf
- 사람들이 - 내 주 님을 옮 겨 다
mf
29
가 어 디 두 었는지 내가 알 - 지 못 -

32
함 이라 내가알 -지 못함 이
36
라 -
Tenor Solo
f
여자 여 어 찌
f piu mosso
39
하-여 울 며 누구라하 느냐?

42
Soprano Solo
주 여 당신이옳 겼거든 어 디 -두었는
45
지 내 게 -이르 소
47
서 내 게 -이르 소서 이르 소

50
서 이 르 소 서 그 리 하
f
52
면 그 리 하 면 내 가
54
가 져 가 리 이 다

56
poco rit.
a tempo
ff a tempo
59
f
mf
62
mp
65
p
rit.
pp

주를 보라

성경말씀

[요 11:25-26]
25 예수께서 이르시되 나는 부활이요 생명이니 나를 믿는 자는 죽어도 살겠고
26 무릇 살아서 나를 믿는 자는 영원히 죽지 아니하리니 이것을 네가 믿느냐
[고전 15:20-22,55,57]
20 그러나 이제 그리스도께서 죽은 자 가운데서 다시 살아나사 잠자는 자들의 첫 열매가 되셨도다
21 사망이 한 사람으로 말미암았으니 죽은 자의 부활도 한 사람으로 말미암는도다
22 아담 안에서 모든 사람이 죽은 것 같이 그리스도 안에서 모든 사람이 삶을 얻으리라
55 사망아 너의 승리가 어디 있느냐 사망아 네가 쏘는 것이 어디 있느냐
57 우리 주 예수 그리스도로 말미암아 우리에게 승리를 주시는 하나님께 감사하노니
[요 1:36]
36 예수께서 거니심을 보고 말하되 보라 하나님의 어린 양이로다

곡분석

이 곡은 부활이요 생명이신 주님을 찬양하는 코랄의 서주로 시작하며, 이 서주는 주님은 그리스도임을 웅장하게 선포하는 강렬한 합창으로 이어집니다. 고린도전서 15장에 나오는 부활장의 메시지를 때로는 작고 긴장감 있게, 때로는 화려하고 폭넓은 음악적 대비와 빠른 부분과 느린 부분의 대비를 주된 아이디어로 전개하였습니다. 긴장과 이완의 연속으로 곡이 진행하면서 마지막 부분에서는 하나님의 어린양을 다시 한번 상기시키고, 마침내 가장 장엄한 '아멘'으로 곡이 마무리하게 됩니다.

곡해설

'나는 부활이요 생명이니 나를 믿는 자는 죽어도 살겠고 무릇 살아서 나를 믿는 자는 영원히 죽지 아니하리니 이것을 네가 믿느냐' (요 11:25-26) 예수님께서는 우리를 구원하시기 위해서 오셨습니다. 우리는 사망 권세를 이기시고 부활하신 주님을 믿을 때 진정한 부활을 체험할 것이라 확신합니다. 또한 우리에게 승리를 주시는 주 하나님께 감사하는 마음을 가지고 주님을 바라볼 때 가장 뜻깊은 부활의 기쁨을 누리게 될 것을 고백합니다. 우리는 부활하신 주님께 영광을 돌리는 것은 물론이고, 부활의 증인으로서 세상의 빛과 소금이 되는 주의 백성이 되길 간절히 소망합니다.

Choir Sop. Alto Ten. Bass

주를 보라

for SATB Choir & piano accompaniment

Words & Music by 노희석

[요한복음 11:25-26, 고린도전서 15:20-22, 55, 57, 요한복음 1:36]

Moderato ♩ = 88

8
하 리 라 이 사 - 실 을 진 심 으 로 너 는 - 믿 느
12
accel.
Maestoso ♩ = 100
나? -
p
f
16
20
subito p

23
rit.
f
Broadly ♩= 88
주는 그 리스 도 시 요 주는 그 리스 도-
f
27
poco a poco cresc.
시 요 세 상에 오시 는 하나님
30
molto rit.
ff
Allegro ♩= 120
의 아들인 줄 믿나이 다
ff
mf

33
36
사 망을 -이기신 주 예수 자는 자 들의 -첫열매
39
되 시고 사 망을 -이기신 주 예수 자는

rit.
42
자 들의 - 첫 열 매 되 시 고
44
f Broadly ♩ = 88
한 사 람 - 인 하 여
f
46
사 망 왔 으 나

48
한 사람 - 인 하 여
50
부 활도 왔도 다 사람 인 하여
53
- 그 리
죽은 것 같이 -

56
스 도안 에 서 모든 사 람이 다 시
f
59
rit.
ff Stately 𝅗𝅥 = 56
살 았 도 다
ff
61
widely
사 망
widely

63
아
65
1.
2.
67
Allegro, ma non troppo ♩ = 132
사 망 아 - 사 망 아 - 너 의 승 리 - 너 의
mp
70
승 리 - 어 디 있 느 냐? -

73
사 망아 - 사 망아 - 네가 쏘는것 - 이 네가
76
쏘는것 - 이어디 있느 냐? (어 디 있느 냐?)
79
Broadly ♩ = 88
감 사 하라 감 사 하라 우리

83
주 예 수 그 리 - 스 도 로 말 미 암 아
87
ff
우 리 에 게 승 리 를 주 - 시 는
ff
91
주 하 나 님 께 감 사 해 주 하 나

95
님 - 보 라 하 나 님
98
molto rit.
fff
의 어 린 양 이 로 다 아
molto rit.
fff
101
a tempo
멘 -
a tempo

WISE PRAISE CANTATA SERIES
와이즈성가 부활절 칸타타 "주를 보라"(Behold the Lamb)

인 쇄 초판 1쇄 발행 2020년 2월 1일

발행인 강하늘
편집인 와이즈뮤직 편집부
정 사 와이즈뮤직 편집부
디자인 이선영
발행처 와이즈뮤직/와이즈성가
서울시 노원구 초안산로 19, 302호
Tel : 1800-9556(전국대표번호)
출판등록 : 제25100-2017-000060호

WISEMUSIC 와이즈뮤직
교회음악전문출판 와이즈뮤직 www.wise21.com

정가 7,000원

H1145